야고보서 성경공부

강 효 민 지음

새삶 전도협회

야고보서 성경공부

지 은 이 | 강효민
펴 낸 날 | 2013년 10월 1일
펴 낸 곳 | 새삶전도협회(www.nleva.org)
출판등록 | 제 25100-2007-26호
주 소 | 서울시 광진구 능동로 314
전 화 | 02-458-0691
팩 스 | 02-453-9020

■ ISBN | 978-89-6961-002-7
■ 정 가 | 4,000원

지은이 **강 효 민**
새삶침례교회(www.newlifebc.or.kr) 담임목사
새삶전도협회(www.nleva.org) 대표
미국 바이올라대학교 탈봇신학대학원 졸업(목회학 석사·박사)
저서 「복음의 능력」·「말하지 아니할 수 없습니다」·「요한계시록이 보인다」·「성령이 임하시면」 등

교재를 내며

저는 개인적으로 야고보서를 참 좋아합니다. 제가 야고보서를 좋아하는 이유는 크게 두 가지 때문인데 첫째, 야고보서는 그리스도인들이 꼭 알아야 할 다양한 주제를 다루고 있다는 것입니다. 예를 들면 고난의 문제, 유혹의 문제, 언어생활의 문제, 참된 믿음의 문제 등 그리스도인이라면 꼭 알아야 할 주제를 야고보서는 다룹니다. 그래서 어떤 이들은 야고보서를 '신약의 잠언'이라고 하는데 충분히 공감이 갑니다.

야고보서를 좋아하는 두 번째 이유는 야고보서가 길지 않다는 것입니다. 야고보서는 전체가 다섯 장밖에 안 되는 작은 책입니다. 천천히 생각하면서 읽어도 30분이 걸리지 않습니다. 그런데도 그리스도인들이 꼭 알아야 할 다양한 주제들이 이 작은 책 안에 다 들어 있습니다. 그러니 제가 야고보서를 사랑하지 않을 수 없습니다. 야고보서는 손쉽게 먹을 수 있는 종합영양제와도 같습니다.

그리스도인의 삶에 도움이 될 만한 성경공부 교재를 하나 내야겠다는 생각은 진작부터 하고 있었습니다. 어떤 교재를 낼까 생각하다가 〈야고보서 성경공부〉보다 더 좋은 교재는 없겠다는 생각이 들었습니다. 그래서 저는 〈야고보서 성경공부〉 교재를 낼 목적으로 섬기는 교회에서 야고보서를 강해했고, 그것을 자료로 〈야고보서 성경공부〉를 내게 되었습니다.

이 교재를 통하여 이 교재를 사용할 그리스도인들의 삶이 조금이라도 나아진다면 더 바랄 것이 없겠습니다. 야고보서를 성경의 일부가 되게 하신 하나님께 감사드리며, 이 교재를 내기 위해서 수고하신 분들께도 감사드립니다.

2013년 10월

강 효 민

효과적인 성경공부를 위하여

1. 본문의 내용을 잘 이해하고, 본문을 통하여 배운 대로 깨달은 대로 살아가게 해 달라고 기도하고 시작하십시오.

2. 반드시 본문을 읽고 시작하십시오. 의미 있는 공부가 되기 위해서는 본문의 내용을 이해하는 것이 무엇보다 중요합니다. 한 번 읽어서 이해가 안 되면 한 번 더 읽으십시오.

3. 질문에는 답을 하고, 읽으라는 성경구절은 읽고, 빈칸은 채워가면서 공부하십시오. 답을 잘 모르겠으면 교재를 조금 더 읽어보십시오. 어렵지 않게 답을 발견할 것입니다.

4. 각 과의 마지막 부분에는 "오늘 공부한 내용 중에서 당신의 마음에 가장 와 닿은 내용을 붙들고 기도하고, 세 문장 이내로 당신의 기도를 써보라"는 주문이 있습니다. 꼭 써보십시오. 당신이 공부한 것의 결정체가 그 기도문이라 할 수 있습니다.

   당신의 기도문을 함께 공부한 사람들과 나누거나, 당신이 교제하는 또는 영적으로 영향력을 미쳐야 할 사람들에게 문자로 보내면 그 자체가 좋은 영적인 교제가 될 수 있습니다. 필자는 큐티를 하고 나서 세 문장 이하의 기도문을 써서 필자가 영적으로 돌보는 사람들과 필자의 아내와 자녀들에게 문자로 보냅니다. 그렇게 함으로 영적인 유대감을 이어가고 있는데 정말 좋습니다.

   시편에는 많은 기도문이 나옵니다. 그 기도문들을 읽으면서 우리는 얼마나 큰 은혜를 받습니까! 시편의 기도문과 같을 수는 없지만 당신이 쓴 기도문도 누군가에게 큰 은혜가 될 수 있음을 잊지 마십시오.

5. 본 교재는 혼자 공부하는 용으로 사용할 수도 있고, 일대일 또는 소그룹 성경공부용으로 사용할 수도 있습니다. 일대일 또는 소그룹성경공부용으로 사용할 때는 각자 공부를 하고 온 뒤에 서로 나누는 형식으로 하는 것이 좋습니다. 나눔을 위한 질문은 리더가 조금 더 준비해야 할 것입니다.

순 서

1. 시련 당할 때 (약 1:1-12)

1. 야고보서를 기록한 사람은 누구입니까?(1a절)

신약성경에는 네 사람의 야고보가 나오는데 야고보서를 기록한 사람은 예수님의 육신의 동생 야고보라고 생각됩니다. 그는 처음에는 예수님을 믿지 않았지만 나중에는 예루살렘 교회의 지도자가 되고(갈 1:19, 행 12:17, 15:13, 21:18), 베드로·요한과 함께 초대 교회의 기둥으로 여겨진 사람입니다(갈 2:9a).

초대 교회 성도들은 그에 대해서 잘 알고 있었고, 야고보는 자신에 대해 길게 소개할 필요가 없었기에 '하나님과 주 예수 그리스도의 종'이라고 간단하게 자신을 소개한 것입니다.

유다서를 기록한 유다는 자신을 '야고보의 형제'라고 소개했습니다(유 1:1). 이것은 야고보가 그만큼 유명한 사람이었으며, 야고보는 유다의 형제이자 예수님의 육신의 동생인 것을 보여줍니다(막 6:3).

2. 야고보서의 수신자는 누구입니까?(1b절)

'흩어져 있는 열두 지파'는 핍박으로 인해 흩어진 '유대인 그리스도인들'을 말합니다(행 8:1b, 12:1-2). 핍박으로 인해 흩어졌으니 그들의 삶이 얼마나 고달팠겠습니까! 그래서 야고보는 그들에게 편지를 쓰면서 제일 먼저 '시련'에 대한 말씀을 하는 것입니다.

본문에는 '시험'과 '시련'이라는 단어가 각각 두 번씩(2, 3, 12절) 나오는데 본문에서는 이 두 단어가 같은 의미로 사용되고 있습니다.

3. 시련(고난)이 없는 인생은 없습니다(욥 5:7, 시 90:10). 시련이 올 때는 "온전히 기쁘게 여기라"고 2절은 말씀합니다. 시련이 오는데 어떻게 기쁘게 여길 수 있습니까? 3-4절을 읽고 당신의 말로 표현해 보세요.

"온전하고 구비하여 조금도 부족함이 없게 된다"는 말은 "성숙한 사람이 되고, 하나님께서 쓰시기에 부족함이 없는 사람이 된다"는 뜻입니다.

시련이 유익이 되었고, 축복이 되었던 경험이 있다면 말씀해 보세요.

3절에는 '너희 믿음의 시련'이라는 표현이 있습니다. 영어성경에서는 'the testing of your faith(너희의 믿음을 테스트함)'라고 번역했는데, 이것은 시련이 결국 믿음을 테스트하는 것임을 보여줍니다. 학교에서도 학생들에게 시험(test)

을 보게 하는데 이는 학생들을 괴롭히려는 것이 아니라 학생들의 실력을 높여 주기 위함인 것처럼, 삶 가운데 허락하시는 시련도 우리를 더 성숙하게 만들어 주고, 우리로 하여금 더 하나님을 의지하게 만들려는 것임을 알아야 합니다.

베드로전서 5장 10절 하반절을 읽고 고난이 주는 유익이 무엇인지 써봅시다.

4. 5절은 지혜를 위해 기도하라고 말씀합니다. 시련 중에 있을 때 특별히 지혜를 위해 기도해야 하는 이유가 무엇일까요?

지혜가 있어야 하나님께서 왜 시련을 허락하셨는지를 알 수 있고, 지혜가 있어야 시련을 잘 극복할 수 있기 때문입니다. 그러므로 하나님의 사람들이 시련을 만날 때 제일 먼저 해야 할 일은 기도입니다.

기도를 할 때 주의할 점이 무엇인지 6-8절을 읽고 말씀해 보세요.

두 마음을 품고 기도한다는 것은 어떤 뜻일까요?

하나님은 철저하게 하나님을 신뢰하는 사람을 좋아하십니다. 하나님께 올인(all-in)하는 사람을 좋아하십니다. 기도도 그런 사람의 기도를 응답해 주십니다(막 11:24).

5. 9-11절은 한 마디로 '성경적인 가치관과 성경적인 인생관을 가지라'는 말씀입니다.

"낮은 형제는 자기의 높음을 자랑하라"(9절)고 했는데 무슨 뜻일까요?

시련으로 인하여 바닥까지 떨어진 형제라도 그리스도 안에서의 높은 위치에는 변함이 없습니다. 여전히 하나님의 자녀이고, 여전히 천국을 유업으로 받을 자입니다. 그러므로 경제적으로 어렵다고, 일이 잘 안 풀린다고, 누가 힘들게 한다고 나심할 필요가 없습니다. 실망할 필요도 없습니다.
시련을 잘 극복하는 비결 중 하나는 시련 가운데 있을수록 더 영적으로 생각하고, 더 성경적으로 생각하는 것입니다.

"부한 자는 자기의 낮아짐을 자랑하라"(10절)고 했는데 무슨 뜻일까요? 10-11절을 읽고 부한 자는 시련당할 때 어떻게 생각하라는 것인지 당신의 말로 표현해 보세요.

____

____

'인생은 풀과 같은 것인데 내가 너무 인간적으로, 이 세상에만 소망을 두고 산 것은 아닌지' 한 번 생각해보라는 것입니다. 사실 인생은 풀과 같은 것이고, 부귀영화는 풀의 꽃과 같은 것입니다. 그런데 상황이 좋을 때는 그것을 잘 깨닫지 못합니다. 그러나 시련을 당하면 깨닫게 됩니다. 그러면서 다시 소망을 하나님께 두게 되지요.

성경적인 가치관(자아관), 성경적인 인생관을 가지고 사는 사람은 어렵다고 실망하지 않습니다. 힘들다고 낙심하지 않습니다. 성경적인 인생관을 가지고 살았던 욥이 욥기 1장 21절에서 뭐라고 했는지 써봅시다.

____

____

____

아무리 큰 시련이 있어도 우리는 여전히 하나님의 자녀이고 천국을 유업으로 받을 자임을 생각하면 감사하지 않습니까?

6. 12절은 시련을 잘 견뎌낸 사람들에게 하나님께서 '생명의 면류관'을 주실 것을 말씀합니다. 예수님께서 복음으로 인하여 박해받는 사람들에게 하신 약속의 말씀이 무엇인지 마태복음 5장 11-12a절을 읽어봅시다.

사도행전 5장 41절에는 사도들이 복음 때문에 매를 맞고 모욕을 당하면서도 기뻐하는 내용이 나옵니다. 그들이 그렇게 할 수 있었던 이유가 무엇이었을까요?

____

믿음생활과 직접적으로 관련된 시련이 아닌 경우는 어떨까요? 그런 경우에도 시련을 잘 극복하면 주님께로부터 칭찬과 상급이 있을까요? 시련을 허락하시는 목적이 무엇인지(3-4절) 다시 한 번 생각해보고, 요한계시록 22장 12절을 읽고 말씀해 보세요.

____

____

7. 시련을 피할 수는 없습니다. 그러나 극복할 수는 있습니다. 어떻게 하면 시련을 잘 극복할 수 있는지 본문을 통해 배운 교훈을 정리해 봅시다.

1) 시련이 주는 __________ 을 생각하라(2-4절).

2) __________ 를 위해 기도하라(5절).

3) 성경적인 ___________(자아관)과 ___________을 붙들라(9-11절).

4) 하나님께서 주실 ____을 바라보라(12절).

8. 오늘 공부한 내용을 가지고 하나님께 기도하십시오.

3문장 이내로 당신의 기도를 써보세요.

____

____

____

9. 4절을 외우 세요.

____

____

____

2. 유혹을 이겨내려면 (약 1:13-18)

1. 13-14절에 '시험'이라는 단어가 5번 나옵니다. 여기서 '시험'은 무엇을 뜻하는 것일까요?

헬라어로 '시험'은 문맥에 따라 '시련'을 뜻하기도 하고 '유혹'을 뜻하기도 합니다.

2. 사람은 왜 유혹을 당하게 되는 것일까요?(14절)

14절의 '욕심'은 욕구와 욕망을 뜻합니다. 사람에게는 식욕을 비롯하여 수면욕, 성욕, 물욕, 명예욕 등 많은 욕구와 욕망이 있습니다. 이런 욕구와 욕망을 잘못 사용하면 죄를 짓게 됩니다. 사탄은 사람들의 욕구와 욕망을 이용하여 사람들로 하여금 죄를 짓게 만듭니다.

창세기 3장 5-6절을 읽고 사탄은 하와의 어떤 욕구와 욕망을 이용하여 죄를 짓게 했는지 말씀해 보세요.

마태복음 4장의 아래 구절들을 읽고 사탄은 어떤 욕구와 욕망을 부추김으로 예수님을 유혹하려 했는지 말씀해 보세요.

3절 ______________________________

5-6절 ______________________________

8-9절 ______________________________

오늘날에도 사탄은 사람들의 욕구와 욕망을 이용하여 넘어지게 하고, 죄를 짓게 만든다는 것을 잊어서는 안 됩니다. 오늘날 사탄이 하나님의 사람들을 쓰러뜨리기 위해 가장 많이 이용하는 욕구와 욕망이 무엇이라고 생각합니까?

____

3. 본문은 하나님의 사람들이 유혹에 넘어가지 않는 방법으로 크게 두 가지를 제시해 줍니다. 첫째는 유혹에 넘어갔을 때의 결과를 먼저 생각하는 것이고(15-16절), 둘째는 하나님께서 베풀어주신 은혜와 사랑을 생각하는 것입니다(17-18절).

유혹에 넘어가면 어떻게 되는지 15-16절을 읽고 당신의 말로 표현해 보세요.

____

유혹은 항상 달콤하고 매력적인 모습으로 찾아옵니다. 그러나 그 결과는 엄청나게 쓰다는 것을 잊지 말아야 합니다.

잠언 20장 17절을 써보세요.

____

____

잠언 9장 13-18절과 5장 3-4절을 읽어보세요.

성경에는 유혹에 넘어가 비참한 결과를 초래한 사람들의 이야기가 많이 나옵니다. 아간(수 7장)과 삼손(삿 16장), 다윗(삼하 11-12장)은 어떤 유혹에 넘어갔고 그 결과는 어떠했는지 말씀해 보세요.

아간 ____

____

삼손 ____

____

다윗 ____

____

스티븐 코비(Stephen Covey)의 〈성공하는 사람들의 7가지 습관〉에서 두 번째 교훈이 '끝을 생각하고 시작하라(Begin with the end in mind)' 입니다. 시작이 아무리 좋아보여도 끝이 안 좋은 것이라면 시작하지 말아야 한다는 것입니다. 유혹도 그와 같습니다. 아무리 매력적으로 보이고 좋게 보여도 끝이 안 좋은 것이라면 넘어가지 말아야 합니다.

16절을 써보세요.

4. 17-18절을 읽고 하나님께서는 우리에게 어떤 은혜와 사랑을 베풀어 주셨는지 말씀해 보세요.

하나님께서 우리를 하나님의 자녀로 삼아주시고, 좋은 것들로 우리의 삶을 채워주신 것을 생각하면 얼마나 감사한지 모릅니다. 그 은혜와 사랑을 생각하면 죄를 짓고 싶어도 지을 수 없고, 죄를 지으려고 하다가도 멈출 수밖에 없습니다.

다윗도 하나님의 은혜와 사랑을 한 번 더 생각했더라면 밧세바를 범하지 않았을 것입니다. 다윗이 하나님의 은혜와 사랑을 저버리고 죄를 지었을 때 하나님은 어떤 말로 그를 책망했는지 사무엘하 12장 7b-9a절을 읽고 말씀해 보세요.

요셉은 주인 보디발의 아내로부터 유혹을 받았을 때 어떤 생각으로 유혹을 이겨냈는지 창세기 39장 8-9절을 읽고 말씀해 보세요.

____

____

5. 아래의 구절들을 읽고 하나님은 우리가 어떤 삶을 살기 원하시는지 알아봅시다.

엡 5:8-10 ______________________________

____

고전 6:19-20 ______________________________

____

6. 유혹은 우리들에게도 늘 있습니다. 어떻게 하면 유혹을 이겨낼 수 있는지 본문을 통해 배운 교훈을 정리해 봅시다.

1) 유혹에 넘어갔을 때의 ________ 를 먼저 생각하라(15-16절).

2) 하나님께서 베풀어주신 ________ 와 ________ 을 먼저 생각하라(17-18절).

7. 본문을 통해 당신에게 특별히 주신 말씀이 있다면 그것을 가지고 하나님께 기도하십시오.

당신의 기도를 세 문장 이내로 써보세요.

___

___

___

8. 15-16절을 외우세요.

___

___

___

3. 참된 경건 (약 1:19-27)

1. 참된 경건은 어떤 것인지 26-27절을 읽고 당신의 말로 표현해 보세요.

2. 말을 조심하고 절제하려면 '듣기는 속히 하고 말하기는 더디 해야'(19a절) 합니다. 말을 성급히 함으로 실수한 경험이 있다면 말씀해 보세요.

말실수를 줄이려면 말을 적게 해야 합니다. 잠언 10장 19절과 17장 28절을 써 봅시다.

잠 10:19

잠 17:28

3. 말하는 것뿐 아니라 성내는 것도 더디 하라고 19b절은 말씀합니다. 성내는 것을 더디 해야 하는 이유가 무엇인지 20절을 읽고 말씀해 보세요.

성을 잘 내는 것도 일종의 습관이라 할 수 있습니다. 당신은 누구에게 주로 성을 잘 냅니까?

성을 내면 하나님의 의(義)를 이룰 수 없습니다. 그리스도인으로서 간증도 잃게 됩니다. 모세는 성냄으로 하나님의 거룩함을 나타내지 못했고, 결국 가나안 땅에도 들어가지 못하고 말았습니다(민 20:2-13). 그러므로 하나님의 사람들은 성낼 일이 있어도 자제할 줄 알아야 합니다.

성내기를 자제하기란 사실 쉽지 않습니다. 그래서 성경은 "노하기를 더디 하는 자는 용사보다 낫고, 자기의 마음을 다스리는 자는 성을 빼앗는 자보다 낫다"(잠 16:32)고 했습니다. 하나님의 사람들은 성내는 것이 하나님의 의를 이루지 못할 뿐 아니라 자신의 어리석음을 드러내는 것임을 기억하면서 성내기를 자제해야 할 것입니다.

아래의 잠언 말씀들을 써봅시다.

잠 12:16

잠 14:29 ____

____

잠 19:11 ____

____

4. 21a절은 '그러므로'라는 말로 시작됩니다. 문맥을 고려하면, 사람이 성내는 것이 결국 무엇 때문이라는 것입니까?

____

성내는 것뿐 아니라 우리의 모든 악한 것이 사실은 마음속의 '더러운 것과 넘치는 악'에서 나오는 것입니다. 그렇기 때문에 우리는 무엇보다도 마음관리를 잘해야 합니다.

"모든 지킬 만한 것 중에서 더욱 네 ________을 지키라"(잠 4:23a).

마음관리를 어떻게 하면 잘 할 수 있는지 21절에서 핵심이 되는 동사 두 개를 찾아보세요.

____

하나님의 말씀을 받으면서 마음속의 더러운 것과 넘치는 악을 내버리지 않는다면 하나님의 말씀을 제대로 받는 것이 아닙니다. 또한 하나님의 말씀을 제대로 받다 보면 마음속의 더러운 것과 넘치는 악은 사라지게 됩니다. 그러므로 말씀을 받는 것과 더러운 것을 내버리는 것은 항상 함께 가는 것입니다.

21절의 '구원'은 영원한 멸망으로부터의 구원이 아니라 상한 마음, 분노한 마음으로부터의 치유를 뜻합니다. 잠언 20장 22절에 나오는 '구원'과 비슷한 의미라고 할 수 있습니다. 잠언 20장 22절을 쓰고 거기서 말하는 '구원'의 의미가 무엇인지 말씀해 보세요.

___

___

___

어떤 사람에 대한 악한 감정이나 분노의 감정이 당신 속에는 없습니까? 어떻게 하면 그 문제에서 벗어날 수 있겠는지 본문 21절, 잠언 20장 22절, 로마서 12장 17-21절을 읽고 말씀해 보세요.

___

___

5. 말씀을 듣는 이유는 말씀을 행하기 위해서입니다. 말씀을 듣고도 행하지 않는 사람은 어떤 사람과 같은지 22-24절을 읽고 말씀해 보세요.

___

말씀을 듣고 "은혜 받았다"고 해서 진짜 은혜 받은 것으로 생각하면 안 됩니다. 진짜 은혜를 받으려면 들은 말씀을 실천해야 합니다. 그렇게 할 때 그 은혜가 내 것이 되며 하나님의 '복'이 내게 임합니다(25절).

최근에 들은 말씀 중에서 구체적으로 적용하고 실천한 말씀이 있다면 말씀해 보세요.

6. 27절 상반절은 어려운 사람들을 돌보는 것이 '경건'이라고 말씀합니다. 당신의 주위에는 어떤 어려운 사람들이 있습니까?

어떻게 하면 그들을 도울 수 있겠는지 야고보서 2장 15-16절과 요한일서 3장 17절을 읽고 말씀해 보세요.

"구제를 좋아하는 자는 풍족하여질 것이요, 남을 윤택하게 하는 자는 자기도 윤택하여지리라"(잠 11:25)는 말씀이 있습니다. 어려운 사람을 도와줌으로 '풍

족' 하고 '윤택' 해진 경험이 있다면 말씀해 보세요.

7. 그리스도인은 이 땅에 살아도 이 땅에 속한 사람이 아니라 하늘에 속한 사람입니다. 그러므로 세속에 물들어서는 안 되고, 세상과 구별된 삶을 살아야 합니다. 그것이 참된 경건이라고 27절 하반절은 말씀합니다.

하나님의 사람 롯은 아브라함과 헤어지고 난 뒤 소돔 성 근처에서 살다가 후에는 소돔 성 안에 들어가 살았습니다. 그 결과, 아내도 잃고 재물도 잃고 두 딸과의 아름다운 관계도 잃어버립니다. 자신의 가족을 세상의 물질주의와 쾌락주의로부터 지키지 못한 결과입니다.

당신은 세속에 물들어가고 있지 않습니까? 10년 전 또는 5년 전의 삶과 지금의 삶을 비교해서 말씀해 보세요.

"누구든지 세상과 벗이 되고자 하는 자는 스스로 하나님과 원수가 되는 것"(약 4:4b)임을 잊지 말아야 합니다.

8. 본문 전반을 통하여 말하는 참된 경건이 무엇인지 정리해 봅시다.

1) 참된 경건은 ________ 을 조심하고 절제하는 것이다(26절).

2) 참된 경건은 ________ 내기를 더디 하는 것이다(19b-20절).

3) 참된 경건은 ____________ 관리를 잘하는 것이다(21절).

4) 참된 경건은 ____________ 을 행하는 것이다(22절).

5) 참된 경건은 ______________ 사람들을 돌보는 것이다(27a절).

6) 참된 경건은 ____________ 에 물들지 않는 것이다(27b절).

9. 오늘 살펴본 말씀 중에서 가장 마음에 와 닿은 말씀을 붙들고 하나님께 기도하십시오.

당신의 기도를 세 문장 이내로 써보세요.

10. 22절을 외우세요.

4. 사람을 차별하지 말라 (약 2:1-13)

1. 사람을 차별하는 것을 옳지 못합니다. 외모나 지위, 재산 정도 등 그 어떤 것으로도 사람을 차별해서는 안 됩니다. 예수님을 믿는 사람들은 왜 사람을 차별하면 안 되는지 1절을 읽고 말씀해 보세요.

예수님은 사람을 차별하거나 무시하는 분이 아니었습니다. 예수님은 가난한 사람들, 약한 자들, '죄인'이라고 손가락질 받던 사람들의 친구가 되어 주신 분입니다. 가난한 한 과부가 두 렙돈, 아주 작은 돈을 헌금함에 넣는 것을 보시고는 "이 부인은 지금까지 헌금함에 돈을 넣은 그 어느 누구보다도 많은 것을 넣었다"고 칭찬해 주신 분이 예수님이셨습니다(막 12:43). 또 "작은 자 중 하나에게 냉수 한 그릇이라도 주는 자에게는 상이 있다"(마 10:42)고 말씀하신 분도 예수님이셨습니다.

사람을 차별하고 무시하려면 예수님이 제일 그렇게 하실 수 있는 분입니다. 예수님은 '영광의 주'(1절)가 되시는 분이고, 사람들은 죄인이기 때문입니다. 그러나 예수님은 한 번도 사람을 무시하거나 차별하지 않으셨습니다.

그러므로 예수님을 주님으로 믿고 따르는 사람들도 사람을 차별하지 않는 것이 지극히 당연한 일입니다.

2. 2-4절(특별히 4절)을 읽고 사람을 '차별'하게 되는 이유가 무엇인지 말씀해 보세요.

가난한 사람을 무시하는 것은 교만이라는 '악한 생각'이 있기 때문이고, 부자에게 잘 보이려는 것은 간사함이라는 '악한 생각'이 있기 때문입니다. 그러나 '악한 생각'으로 사람을 '판단'할 권리가 우리에게는 없습니다. 사람을 판단할 수 있는 분은 하나님 한 분밖에 안 계십니다.

로마서 2장 1절과 14장 4절을 읽어봅시다. (로마서 14장 4절의 '비판'은 '판단'을 뜻합니다.)

3. 5절 말씀에 의하면 하나님은 사람을 차별하지 않는 분이십니다. 고린도전서 1장 26-29절을 보면 그런 것을 더 확실하게 알 수 있습니다. 찾아서 읽어봅시다.

하나님은 남자라고 해서 더 귀하게 생각하고, 여자라고 해서 덜 귀하게 생각하지 않습니다. 유대인이라고 해서 더 사랑하고, 이방인이라고 해서 덜 사랑하지 않습니다. 하나님은 남자와 여자, 유대인과 이방인을 구별은 하시지만 차별하시지는 않습니다(행 10:34-35, 갈 3:28-29).
부자라고 해서 특별대우 해주거나 가난한 자라고 해서 무시하지 않습니다. 지위에 따라서도 사람을 차별하지 않습니다. 하나님은 모든 사람에 대해서 공평하게 대해주십니다. 이런 이유에서 우리도 사람을 차별해서는 안 됩니다.

4. 6-7절에서 야고보는 부자를 좋아하고 부자에게 잘 보이려는 야고보서의 수신자들(유대인 그리스도인들)에게 "부자는 너희를 힘들게 하고 너희를 핍박한 사람들이 아니냐"라는 말을 합니다. 그 말 속에는 '그러니 그들에게 잘 보일 필요 없다. 그들에게 잘 보이려는 것은 잘못된 생각이고 실수하는 것이다'라는 뜻이 내포되어 있습니다.

당신은 사람을 잘못 판단해서 실수한 적이 없습니까? 도움이 될 줄 알았던 사람에게는 도움을 받지 못하고, 도움이 되지 않을 것 같았던 사람에게는 오히려 도움을 받았던 경험이 있으면 말씀해 보세요.

미국은 팁(tip) 문화의 나라입니다. 식당에서 일을 하며 손님들이 주는 팁으로 생활하는 식당 종업원의 경우, 어떤 손님이 팁을 많이 주고 어떤 손님이 팁을 적게 줄 것인가를 스스로 예측하면서 거기에 맞는 서비스를 제공한다면 어떻게 될까요? 또, 장사를 하는 사람이 찾아오는 손님이 물건을 살 것인지, 안 살 것인지를 나름대로 예측하면서 자신의 생각에 따라 손님을 대한다면 어떻게 될까요?

사람에 대한 생각이나 판단은 언제라도 틀릴 수 있습니다. 그것이 사람을 차별하거나 무시해서는 안 되는 또 다른 이유입니다.

5. 사람을 차별하는 것이 죄라는 것을 당신은 아십니까? 사람을 차별하는 것이 왜 죄인지 8-11절을 읽고 말씀해 보세요.

“네 이웃을 네 몸과 같이 사랑하라” 하셨을 때는 부자 이웃만 사랑하라는 말씀이 아닙니다. 지위가 높은 이웃만 사랑하라는 말씀이 아닙니다. 가난한 이웃, 지위가 낮은 이웃도 사랑하라는 말씀입니다.

최근에 습관적으로 또는 본의 아니게 ‘차별의 죄’를 범한 것이 있다면 말씀해 보세요.

---

6. 12-13절을 읽고 사람을 차별하면 안 되는 또 다른 이유를 말씀해 보세요.

12-13절에서 말하는 ‘심판’은 불신자들에 대한 심판이 아니라 믿는 자들에 대한 심판을 말합니다. 믿는 자들에 대한 심판은 로마서 14장 10절과 고린도후서 5장 10절에도 나와 있는데, 두 구절을 읽고 우리에게 주시는 교훈이 무엇인지 말씀해 보세요.

사람에 대한 ‘긍휼’이 없이 사람을 차별하거나 무시하는 사람은 주님께로부터 책망을 받게 될 것입니다. 반대로, 사람을 사랑하고 긍휼히 여긴 사람은 주님께로부터 칭찬을 듣게 될 것입니다. 그것이 “긍휼은 심판을 이기고 자랑한다”(13b)는 말의 의미입니다.

6. 사람을 차별하면 안 되는 이유가 무엇인지 본문의 내용을 정리해 봅시다.

1) 우리는 ______________을 믿는 사람이기 때문이다(1절).

2) 사람을 차별하는 것은 ________ ________으로 사람을 ________하는 것이기 때문이다(2-4절).

3) ______________도 사람을 차별하지 않으시기 때문이다(5절).

4) 우리의 생각이나 ___________이 틀릴 수도 있기 때문이다(6-7절).

5) 사람을 차별하는 것은 ________ 이기 때문이다(8-11절).

6) 하나님의 ___________이 있기 때문이다(12-13절).

7. 사람을 차별하거나 무시하지 않았는지 살펴보고, 본문 말씀 중에서 가장 마음에 와 닿은 내용을 붙들고 하나님께 기도하십시오.

당신의 기도를 세 문장 이내로 써보세요.

____

____

____

8. 1절을 외우세요.

5. 참된 믿음 (약 2:14-26)

1. 믿음에는 참된 믿음과 거짓 믿음이 있습니다. 참된 믿음이란 살아 있는 믿음, 행동하는 믿음을 말하고 거짓 믿음이란 죽은 믿음, 행함이 없는 믿음을 말합니다. 죽은 믿음, 행함이 없는 믿음은 아무리 많아도 소용이 없습니다.

아래 구절을 읽고 빈 칸을 채워 보세요.

14절 - 행함이 없는 믿음은 아무런 ________이 없다.

17절 - 행함이 없는 믿음은 그 자체가 ________ ____이다.

20절 - 행함이 없는 믿음은 ________이다.

26절 - 행함이 없는 믿음은 ________없는 ____과 같다.

믿음은 작더라도 살아 있어야 합니다.
살아 있는 믿음은 어떤 믿음일까요? 어떤 믿음이 살아 있는 참된 믿음일까요? 한 마디로 지정의(知情意)가 함께 하는 믿음이라고 할 수 있습니다. 머리로 알고, 마음으로 공감하고, 행동으로 옮길 수 있는 믿음입니다. 아무리 머리로 알고, 마음으로 공감한다 해도 행동으로 옮길 수 없다면 그것은 참된 믿음이 아닙니다.
광진교의 중간쯤 가면 흐르는 한강물을 볼 수 있도록 바닥을 유리로 깔아놓은 곳이 있습니다. 튼튼한 유리이기 때문에 사람이 밟고 지나가도 절대로 깨어지지 않습니다. 그런데도 마음 약한 사람들은 잘 못 지나갑니다. 머리로는 깨어지지 않을 것을 알고, 마음으로도 공감하지만 행동으로 옮길 만한 믿음이 부족하기 때문입니다. 이런 믿음은 참된 믿음이라 할 수 없습니다.

2. 19절을 읽고 귀신들(악령들)의 문제는 무엇인지 당신의 말로 설명해 보세요.

---

3. 18절의 핵심은 '믿음과 행함은 항상 함께 가는 것이다. 뗄래야 뗄 수 없다'는 것입니다. 그런데 18절을 읽고 그렇게 이해하기가 쉽지 않습니다. 그 이유는 번역상의 문제 때문입니다. NIV 영어성경이 번역을 잘해놓았다고 생각되는데, 우리말로 번역하면 다음과 같습니다.

   "어떤 사람은 말하기를 '너는 믿음이 있고 나는 행함이 있다' 하리니 행함이 없는 네 믿음을 내게 보이라. 나는 행함으로 내 믿음을 네게 보이리라."

   개역개정판과 NIV 성경의 번역 차이를 아시겠습니까? 개역개정판 성경은 18절 말씀 전체를 '어떤 사람'의 말로 번역을 했고, NIV 성경은 18절의 앞부분만 '어떤 사람'의 말로 번역을 했습니다.

   믿음과 행함에 대한 '어떤 사람'과 야고보의 생각이 어떻게 다른지 NIV 성경의 번역을 다시 한 번 읽고 당신의 말로 표현해 보세요.

'어떤 사람'의 말은 '믿음은 믿음이고, 행함은 행함이다. 믿음이 있는 사람이 있는가 하면, 행함이 있는 사람이 있다'는 뜻이고, 야고보의 말은 '그것은 잘

못된 생각이다. 믿음과 행함은 항상 함께 가는 것이다'라는 뜻입니다.

4. 본문에서 야고보는 '참된 믿음'을 구원의 문제와 결부시킵니다. 성경에 의하면 사람은 믿음으로 구원받는데(요 3:16, 행 16:31, 엡 2:8), 여기서 '믿음'이란 어떤 믿음을 말하는 것일까요? 14절을 읽고 말씀해 보세요.

참된 믿음에는 반드시 행함이 따른다는 것을 설명하기 위해 야고보는 아브라함과 라합을 예로 듭니다.

아브라함은 믿음으로 구원을 받았는데(창 15:6) 아브라함의 믿음에는 어떤 행함이 포함되었는지 창세기 12장 4-5절과 22장 3절을 읽고 말씀해 보세요.

아브라함의 믿음은 행동하는 믿음이었습니다. 그러한 믿음 때문에 아브라함은 하나님께로부터 의롭다 칭함을 받았습니다(20-22절).

라합의 믿음도 행함이 있는 믿음이었습니다. 여호수아 2장 8-13절을 읽고 라합은 여리고 성의 다른 사람들과 어떤 점에서 같았고, 어떤 점에서 달랐는지 말씀해 보세요.

여리고 성의 다른 사람들이 두려워만 하고 있을 때 라합은 살기 위한 행동을 했습니다. 행동하는 그의 믿음 때문에 라합은 구원받을 수 있었고, 하나님의 백성이 될 수 있었습니다(25절, 히 11:31).

5. 24절은 오해를 불러일으킬 수 있는 말씀입니다. 어떤 점에서 그렇습니까?

종교개혁자 루터는 야고보서를 좋아하지 않았습니다. 야고보서는 구원의 조건으로 믿음과 행위를 함께 가르친다고 생각했기 때문입니다. 그래서 그는 야고보서를 '지푸라기 복음'이라고 불렀습니다.

그러나 24절은 행함(행위)을 구원의 조건으로 말하는 것이 아니라 참된 믿음에는 행함이 따라야 하고, 행함의 열매가 있어야 한다는 것입니다. 24절 바로 앞에 있는 23절부터 잘 읽어 보면 그런 의미임을 알 수 있습니다.

25절도 행함이 구원의 조건처럼 보일 수 있지만 26절까지 잘 읽어보면 결국 믿음, 특별히 '행동하는 믿음'을 강조하고 있음을 알 수 있습니다.

6. 예수님을 머리로 아는 것이 구원은 아닙니다. 예수님에 대해서 아무리 잘 알아도 행동으로 옮길 수 없는 믿음이라면 그것은 참된 믿음이 아닙니다. 그러므로 구원받은 사람에게는 반드시 행동의 변화, 삶의 변화가 있기 마련입니다.

"나더러 주여 주여 하는 자마다 다 천국에 들어갈 것이 아니라"(마 7:21)고 예수님은 말씀하셨습니다. 성경에는 예수님을 믿는다고 믿었지만 실제로는 구원받지 못한 사람들의 이야기가 나옵니다.

요한복음 2장 23-25절을 읽어보세요.

많은 사람들이 예수님을 '믿었으나' 그들이 구원받지 못했음을 우리는 문맥을 통해 알 수 있습니다. 그런 사람들 중의 한 사람이 바로 그 다음 장(요 3장)에 나오는 니고데모였습니다.

마태복음 7장 22-23절도 읽어보세요.

그들은 예수님을 믿었을 뿐 아니라 예수님의 이름으로 능력도 행했습니다. 그러나 그들은 결국 구원받지 못한 사람으로 드러나고 말았습니다.
오늘날에도 이와 같은 사람들이 많지 않을까요? 그래서 고린도후서 13장 5a절은 이렇게 말씀합니다. "너희는 ________ 안에 있는가 너희 자신을 ________ 하고 너희 자신을 ________ 하라."

당신은 구원받았습니까? 구원받은 것으로 생각하고 있다면 그렇게 생각하는 근거가 무엇입니까?

____

7. 참된 믿음으로 구원받은 사람은 일상생활을 할 때도 참된 믿음을 발휘하며 살아야 합니다. 어떻게 하는 것이 참된 믿음을 발휘하며 사는 것일까요? 15-16절을 읽고 말씀해 보세요.

____

말로 이웃을 사랑하고, 마음으로 이웃의 불행을 동정하는 것은 전혀 어렵지 않습니다. 그러나 그것을 행동으로 옮기는 것은 상당히 어렵습니다. 참된 믿음은 말로만 하고 마음으로만 느끼는 것이 아니라 실제로 행동하는 것입니다.

하나님을 사랑하고 하나님께 감사하는 것도 마찬가지입니다. 하나님을 진심으로 사랑하고, 하나님께 진심으로 감사하는 마음이 있다면 십일조 드리는 것은 너무나 당연한 일일 것입니다. 십일조를 드리지 못하는 것도 사실은 참된 믿음이 없기 때문입니다.

참된 믿음으로 기도하는 사람과 그렇지 못한 사람은 어떻게 다를까요?

8. 마태복음 17장 20절에서 예수님은 "만일 너희에게 믿음이 겨자씨 한 알 만큼만 있어도 이 산을 명하여 여기서 저기로 옮겨지라 하면 옮겨질 것이요 또 너희가 못할 것이 없으리라" 말씀하셨습니다. 예수님께서 말씀하신 '믿음'은 어떤 믿음일까요?

죽은 믿음, 행동하지 않는 믿음은 아무리 많아도 소용이 없습니다. 비록 작더라도 믿음은 살아 있어야 합니다. 살아 있는 참된 믿음이 있을 때 우리의 행동과 삶에는 변화가 일어날 것입니다.

9. 오늘 살펴본 말씀 중에서 특별히 마음에 와 닿은 말씀이 있으면 그 말씀을 붙들고 기도하십시오.

당신의 기도를 세 문장 이내로 써보세요.

10. 26절을 외우세요.

6. 말을 조심합시다 (약 3:1-12)

1. 1절은 "선생이 많이 되지 말라"고 말씀합니다. 여기서 '선생'은 하나님의 말씀을 가르치는 선생이고, '선생이 많이 되지 말라'는 말은 '많은 사람이 선생이 되려고 해서는 안 된다, 너도나도 선생이 되려고 해서는 안 된다'는 뜻입니다. 왜 야고보는 그렇게 말했을까요? 2절을 읽고 말씀해 보세요.

몇 년 전, 교회 창고를 정리하다가 제 설교 테이프들을 보관하던 박스들을 본 적이 있습니다. 그 많은 테이프들을 보면서 이런 생각이 들었습니다.
'내가 정말 말을 많이 했구나!'
목사가 아니었다면 하지 않았을 말들입니다.

2절의 '온 몸도 굴레 씌운다'는 말은 '온 몸도 통제한다, 완전무결한 삶을 산다'는 뜻입니다. 그렇게 할 수 있는 사람이 없듯이 말에 실수 없는 사람도 없습니다.

2. 말을 조심해야 할 것에 대해서는 야고보서 1장에서도 언급한 바가 있습니다. 1장 19절과 26절 읽어봅시다.

1장에서 언급했음에도 불구하고 3장에서 또다시 말하는 이유가 무엇일까요?

중요한 것은 아무리 강조해도 지나치지 않습니다. 교육은 반복이 중요합니다.

3. 3-5a절은 혀의 영향력에 대한 말씀입니다. 혀의 영향력을 설명하기 위해 야고보가 든 두 가지 예는 무엇입니까?

혀는 '작은 지체'입니다. 그러나 그 영향력은 대단합니다.

이 세상에서 가장 많은 고통을 당한 민족은 유대민족이라 할 수 있습니다. 서기 70년에 로마에 의해 멸망한 후 1948년 주권을 되찾을 때까지 그들은 정말 많은 고통을 당했습니다.
왜 그들이 그렇게 많은 고통을 당했을까요?
그들의 말과 무관하지 않습니다.
마태복음 27장 25절을 읽고 그들이 어떤 말을 했는지 적어보세요.

모세와 함께 출애굽한 이스라엘 백성들의 상당수는 광야에서 죽고 말았습니다. 그 이유가 무엇인지 민수기 14장 27b-29a절을 읽고 말씀해 보세요.

사사 입다는 눈물을 머금고 자신의 딸을 번제로 드려야 했습니다. 어쩌다가 그렇게 되었는지 사사기 11장 30-31절을 읽고 말씀해 보세요.

예수님의 십자가 옆에 달렸던 두 강도는 그들의 말 때문에 영원한 운명이 갈렸습니다. 누가복음 23장 39-43을 읽고 그들의 말이 어떻게 달랐는지 말씀해 보세요.

말의 영향력은 사람들이 생각하는 것보다 훨씬 더 큽니다. 잠언 18장 21절은 말씀하기를 "죽고 사는 것이 혀의 힘에 달렸나니 혀를 쓰기 좋아하는 자는 혀의 열매를 먹으리라"고 했습니다.
혀는 사람을 기쁘게 할 수도 있고, 슬프게 할 수도 있습니다. 행복하게 할 수도 있고, 불행하게 할 수도 있습니다. 살릴 수도 있고, 죽일 수도 있습니다. 이런 것이 말의 영향력입니다.

4. 5b-6절은 혀의 파괴력에 대한 말씀입니다. 혀의 파괴력을 설명하기 위해 야고보가 든 예가 무엇입니까?

혀에는 '온 몸을 더럽히고 삶의 수레바퀴를 불사를' 파괴력이 있는데 그 파괴

력은 어디서 오는 것일까요? '그 사르는 것이 지옥 불에서 난다'는 말의 의미가 무엇일까요?

요즘에는 어린 학생들도 욕과 비속어를 입에 달고 산다고 합니다. 일부 불량 학생들만 그런 것이 아니라 소위 공부 잘하는 모범생들도 그렇다고 합니다. 영화에도 욕이 넘쳐나고 인터넷에도 욕이 넘쳐납니다. 이렇듯 사람들의 말이 점점 더 거칠어지고 악해지는 것은 그만큼 사탄이 강하게 역사하기 때문입니다.
사탄은 살인자입니다(요 8:44). 칼로만 사람을 죽이는 것이 아니라 말로도 죽입니다. 인터넷에 올라온 악플 때문에 스스로 목숨을 끊은 연예인들도 있음을 우리는 잘 압니다. 우리 또한 말로 얼마나 사람들을 아프게 하고 사람들에게 상처를 잘 주는지 모릅니다.
믿는 사람이라 할지라도 악한 말을 하고 독한 말을 할 때는 사탄에 의해 쓰임 받고 있다는 것을 알아야 합니다. 예수님의 수제자였던 베드로에게도 역사했던 사탄(마 16:23)이 우리라고 해서 가만히 두겠습니까!

잠언 12장 18절과 11장 11절은 혀의 영향력과 파괴력에 대해서 어떤 말을 하는지 써봅시다.

잠 12:18

잠 11:11

5. 혀를 좋은 목적으로만 쓸 수 있도록 길들일 수 있다면 얼마나 좋을까요! 거기에 대해 본문은 뭐라고 하는지 7-8절을 읽고 말씀해 보세요.

좋은 말, 아름다운 말을 할 수 있는 방법은 없을까요? 마태복음 12장 34-35절을 읽고 어떻게 하면 선한 말, 아름다운 말을 할 수 있겠는지 말씀해 보세요.

6. 9-12절은 혀의 이중성에 대한 말씀입니다. 혀는 영향력과 파괴력도 대단하지만 이중성(모순성) 또한 대단합니다. 당신의 혀는 어떻게, 얼마나 이중적인지 실례를 들어 말씀해 보세요.

7. 말의 영향력과 파괴력은 당신이 생각하는 것보다 훨씬 더 큽니다. 그렇기 때문에 우리는 말실수하지 않기 위해 조심해야 합니다. 당신은 주로 누구에게 말실수를 많이 합니까?

어떻게 하면 말실수를 줄일 수 있겠습니까?

다윗은 말실수를 줄이기 위해 어떤 기도를 했는지 시편 141편 3절을 읽고 써보세요.

8. 자신의 언어생활을 돌아보면서 기도하십시오.

당신의 기도를 세 문장 이내로 써보세요.

9. 6절을 외우세요.

7. 참된 지혜의 삶 (약 3:13-18)

1. 이 세상에 자신을 어리석다고 생각하는 사람은 거의 없습니다. 가끔은 자신이 한 일에 대해서 어리석었다고 후회하기도 하지만 대체로 사람들은 자신이 지혜롭다고 생각하면서 살아갑니다. 그런데 실제로는 지혜롭지 못한 삶을 살아가는 사람들이 너무나 많습니다.

   왜 그런 현상이 나타날까요?

   지혜에는 두 종류가 있기 때문입니다. 지혜에는 '세상적인 지혜'와 '하나님께로부터 온 지혜'가 있는데, 세상적인 지혜로 살다보면 결국은 지혜롭지 못한 삶을 살 수밖에 없습니다.

   '세상적인 지혜'는 어떤 것인지 15절을 읽고 말씀해 보세요.

   세상적인 지혜, 정욕적인 지혜, 사탄적인 지혜는 아무리 많아도 소용이 없습니다. 왜냐하면 그런 지혜에서 '시기와 다툼'(14절), '혼란과 모든 악한 일'(16절)이 일어나기 때문입니다.

2. 하나님의 사람들은 '하나님께로부터 오는 지혜'를 추구하며 살아야 합니다. 왜냐하면 그들은 이미 지혜자로서의 삶을 시작했기 때문입니다.

   잠언 9장 10절을 써봅시다.

하나님의 사람들은 지혜자로서의 삶을 시작한 것으로 만족할 것이 아니라 실제로 하나님께서 기뻐하시는 '참된 지혜의 삶'을 살아야 할 것입니다.

3. '참된 지혜의 삶'은 온유와 평화를 추구하는 삶이라 할 수 있습니다. 13절에 '지혜의 온유함'이라는 표현이 있는데 이는 '지혜에서 오는 온유함'이라는 뜻입니다. 이 말씀에 의하면 지혜가 있는 사람은 어떻다는 것입니까?

'온유'는 온화하고 부드러운 것을 말합니다. 온유하면 약한 것처럼 보일 수 있지만 절대로 약하지 않습니다. 야생마와 길들여진 말이 그 힘에 있어서는 차이가 없는 것과 같습니다.

18절을 보면 지혜로운 사람은 온유할 뿐 아니라 평화도 사랑하는 것을 알 수 있습니다. 평화를 사랑하기 때문에 지혜로운 사람은 다툼을 일으키지 않습니다. 어떤 사람이 다툼을 일으키는지 잠언 20장 3절을 읽고 말씀해 보세요.

다툼을 일으키는 사람들은 주로 자신이 똑똑하고 지혜롭다고 생각하는 사람들인 것을 보게 됩니다. 가정에서 부부가 다투는 것도 사실은 자신이 배우자보다 더 똑똑하고 지혜롭다고 생각하기 때문입니다.
다툼을 일으키는 것이 과연 지혜일까요?

참 지혜는 ________ 하고 ________ 를 사랑하는 것입니다.

당신이 얼마나 지혜로운 사람인가를 알아보려면 당신이 얼마나 온유하고, 얼마나 평화를 사랑하는지를 보면 알 수 있습니다. 당신이 가는 곳마다 다툼이 그치고 평화가 찾아온다면 당신은 지혜로운 사람입니다. 반대로, 당신이 가는 곳마다 다툼이 일어나고 분쟁이 일어난다면 당신은 어리석은 사람입니다.

당신의 지혜를 점수로 매긴다면 10점 만점에 몇 점이라고 생각합니까?

____

4. 17절은 참된 지혜에 대해서 더 자세하게 말해줍니다. 크게 일곱 가지를 말하는데 그것이 무엇인지 빈 칸을 채워보세요.

1) 성결 2) ________ 3) 관용 4) ________

5) 긍휼과 ________ 열매가 풍성함 6) ________ 이 없음

7) ________ 이 없음

5. '성결'은 순수하고 순결한 것을 말합니다. 오늘날 이 세상은 순수하고 순결한 사람을 무시하는 경향이 있습니다. 예를 들어, "결혼할 때까지 순결을 지켜야 한다"고 하면 고리타분한 사람, 시대에 뒤떨어진 사람으로 생각합니다. 그러나

그것은 이 세상의 생각이고, 하나님은 그런 사람을 지혜롭게 보십니다.

예수님이 마태복음 10장 16b절에서 뭐라고 하셨는지 아래의 빈 칸을 채워보세요.

"너희는 뱀 같이 ________롭고 비둘기 같이 ________하라."

'지혜'와 '순결'은 항상 함께 가야 하는 것입니다.

6. '관용'은 너그러운 것, 이해하고 용서해줄 줄 아는 것입니다. 세상은 관용을 베풀고 사는 사람을 '바보'라고 할지 모릅니다. "그렇게 착해 빠져서 어떻게 살래, 그렇게 모질지 못해서 어떻게 살래"라고 할지 모릅니다. 그런데 하나님은 그런 사람을 지혜로운 사람으로 보십니다.
만일 관용을 베풀고 사는 사람을 '바보'라고 한다면 하나님이 제일 큰 바보일 것입니다. 왜 그런지 당신의 말로 설명해 보세요.

____

____

당신이 관용을 베풀어야 할 사람, 용서해야 할 사람은 누구입니까?

____

7. '양순'은 고분고분한 것, 착한 것을 말합니다. 거칠고 험한 세상에서 양순하면 살아가기가 힘들지도 모릅니다. '세상적인 지혜'로 보면 그렇습니다. 그러나 '하나님의 지혜'는 그래도 고분고분하고 착하게 살아가라고 말씀합니다.

이삭이 그런 삶을 살았다고 생각됩니다(창 26장). 이삭은 가는 곳마다 우물을 팠습니다. 우물을 파놓으면 그를 시기한 사람들이 와서 우물을 메워버립니다. 그러면 다른 곳으로 옮겨 또 우물을 팝니다. 또 메우면 또 다른 곳으로 가 우물을 팝니다. 어떻게 보면 굉장히 답답해 보입니다.

이삭이 어리석은 사람이었을까요? 세상은 그렇게 볼 것입니다. 그런데 하나님은 그런 그를 축복해 주셨습니다. 결국 그는 재물도 얻고 사람도 얻습니다. 결과적으로 볼 때 그는 정말 지혜로운 삶을 살았던 것입니다.

요셉도 그런 삶을 살았습니다. 애굽으로 팔려갈 때 그는 반항하지 않았습니다. 억울하게 감옥에 들어가면서도 고분고분했습니다. 그렇게 산 결과, 그는 애굽의 총리가 되는 복을 받았습니다.

당신은 양순하십니까? 어느 정도로 양순하지 10점을 만점으로 점수를 매겨 보세요.

---

8. 요즘 같이 어려울 때 누군가에게 '긍휼'을 베풀고, 누군가에게 '선한 열매'를 맺는다는 것은 결코 쉽지 않습니다. 나도 어려운데 나보다 더 어려운 누군가에게 물질적인 도움을 준다는 것이 쉬운 일이겠습니까! 그런 사람이 있다면 세상은 그를 어리석다고 손가락질 할지도 모릅니다. 그런데 성경은 그럴수록 더 긍휼을 베풀고, 더 선을 베풀며 살라고 말씀합니다.

잠언 11장 24-25절을 써봅시다.

누가복음 12장에서 예수님은 한 부자 농부의 이야기를 들려주십니다. 하나님의 은혜로 부자가 된 농부는 하나님께 드릴 줄도 모르고, 다른 사람들과 나눌 줄도 모릅니다. 오직 자신만을 위해 그 많은 재산을 쌓아두었습니다. 그런 그에게 하나님은 이렇게 말씀하십니다. "어리석은 자여, 오늘 밤에 네 영혼을 도로 찾으리니 그러면 네 준비한 것이 누구의 것이 되겠느냐"(눅 12:20).

참된 지혜가 무엇인지 잘 생각해 보아야 합니다.

누가복음 19장에 나오는 삭개오는 예수님을 만나기 전까지 열심히 모으며 살았습니다. 그렇게 하는 것이 지혜인 줄 알았습니다. 그런 그가 예수님을 만난 뒤 주는 사람, 베푸는 사람으로 변했습니다. 움켜쥐었을 때와 베풀었을 때, 언제 그가 더 행복했을까요?

9. 사람들에게는 '편견'이라는 것이 있습니다. 지방에 대한 편견, 나라에 대한 편견, 성씨(姓氏)에 대한 편견, 외모에 대한 편견 등 수많은 편견이 있습니다. 그런데 편견을 가지는 것도 지혜가 아닙니다.

편견 때문에 실수나 오판한 경험이 있다면 말씀해 보세요.

당신이 버려야 할 편견에는 어떤 것이 있습니까?

10. 참된 지혜에는 '거짓'이 없습니다. 거짓이 없다는 것은 위선적이지 않다는 말입니다. 세상의 지혜는 성실하지 않아도 성실한 척, 착하지 않아도 착한 척합니다. 그것을 위해 잔머리도 굴리고 거짓말도 합니다. 그러나 오래지 않아 모든 것이 결국 드러나고 맙니다.

참된 지혜는 정직하고, 위선적이지 않는 것입니다.

아래의 잠언 말씀을 써봅시다.

잠 11:3

잠 14:11

11. 지금까지 당신은 어떻게 살아오셨습니까? 나름대로 지혜롭게 살아오셨을 것입니다. 중요한 것은 그 지혜가 '세상적인 지혜'였느냐, '하나님께로부터 온 지혜'였느냐 하는 것입니다.

오늘 살펴본 말씀 중에서 당신의 마음에 가장 크게 와 닿은 말씀은 무엇입니까?

참된 지혜의 삶을 살기 위해 당신이 더 노력해야 할 점은 무엇입니까?

12. 참된 지혜의 삶을 위해서 기도하십시오.

당신의 기도를 세 문장 이내로 써보세요.

13. 18절을 외우세요.

8. 세속화를 거부하라 (약 4:1-12)

1. 본문의 내용은 크게 두 가지입니다. '다투고 싸우지 말라'는 것과 '세상과 벗이 되지 말라'는 것입니다. 오늘날 많은 교회들과 그리스도인들의 문제는 교회 안에서 다투고 싸우는 것과 세상과 벗이 되는 것입니다. 한 마디로 '세속화'라 할 수 있습니다.

   1절을 읽고 왜 성도들 간에 다툼과 싸움이 있는지 말씀해 보세요.

   ____

2. 다투고 싸운다고 해서 원하는 것을 얻을 수 있는 것도 아닙니다. 그런데도 사람들은 다투고 싸웁니다. 심지어 '살인'까지 한다고 2a절은 말씀합니다. 여기서 '살인'은 어떤 의미일까요? 요한일서 3장 15절을 읽고 말씀해 보세요.

   ____

   교회 안에서 다투고 싸운다고 해서 실제로 사람을 죽이는 일은 거의 없습니다. 그러나 다투고 싸우는 과정에서 사람을 미워하는 일은 너무나 많습니다.

3. 하나님의 사람들은 원하는 것을 놓고 다투고 싸울 필요가 없습니다. 왜 그런지 2절을 읽고 말씀해 보세요.

   ____

4. 기도를 한다고 해서 다 들어주시는 것은 아닙니다. 하나님은 어떤 기도를 안 들어주실까요? 3절을 읽고 말씀해 보세요.

한국의 교회에서 일어나는 상당수의 분쟁은 담임목사를 지키려는 쪽과 몰아내려는 쪽이 대립함으로 일어나는 분쟁입니다. 만일 당신이 출석하는 교회에 그런 분쟁이 있고 당신은 담임목사가 떠나기를 바라는 입장이라면 당신이 성경적으로 할 수 있는 일은 무엇입니까?(2b절)

당신의 기도가 원하는 대로 이루어지지 않았다면 당신이 성경적으로 할 수 있는 일에는 어떤 것이 있을까요?

분쟁하는 교회들은 "만일 서로 물고 먹으면 피차 멸망할까 조심하라"(갈 5:15)는 말씀을 깊이 명심해야 할 것입니다.

5. 다투고 싸우지 않으려면 하지 말아야 할 것이 있습니다. 그것이 무엇인지 11a절을 읽고 말씀해 보세요.

비방은 다른 사람에 대해 안 좋게 말하는 것입니다. 비방을 하다 보면 결국 다툼과 싸움이 일어날 수밖에 없습니다.

6. 11b-12절에 의하면 형제를 비방하고 판단하는 것은 하나님께 대하여 죄를 짓는 것입니다. 왜 그것이 죄인지 출애굽기 20장 16절, 레위기 19장 18b절을 읽고 말씀해 보세요.

우리에게는 하나님의 말씀을 실천할 책임이 있지 하나님의 말씀을 어길 수 있는 권한이 없습니다. 사람을 판단하고 심판할 권한은 오직 하나님께만 있습니다.

12절과 로마서 14장 10절을 읽어보세요.

로마서 12장 18절을 써보세요.

마가복음 9장 38-40절을 읽고 예수님께로부터 배울 수 있는 교훈이 무엇인지 말씀해 보세요.

____

____

아래의 잠언 말씀들을 써보세요.

잠 18:6 ________________

____

잠 20:3 ________________

____

7. 4절을 읽고 4절이 주는 교훈이 무엇인지 아래의 빈 칸을 채워보세요.

세상과 ____ 이 되지 말라.

'간음한 여인들'은 실제로 간음한 여인들을 말하는 것이 아니라, 세상을 사랑하고 세상과 벗이 됨으로 '영적인 간음'을 한 성도들을 말합니다. 세상과 벗이 되고, 세상을 사랑하는 것이 왜 영적인 간음일까요? 구원받은 사람들은 '예수 그리스도의 신부'인 것을 염두에 두고 설명해 보세요.

____

____

세상을 사랑하고 세상과 벗이 되는 것은 하나님과 원수가 되는 것입니다(4절). 하나님과 원수가 되는 일은 정말 불행한 일입니다. 아브라함은 '하나님의 벗'이라 칭함을 받았는데(약 2:23), 어떻게 하면 하나님의 원수가 아닌 하나님의 벗으로 살 수 있을까요?

---

8. 5절은 야고보서 전체에서 가장 어려운 말씀 중 하나입니다. 그런 이유 때문에 성경 번역본들마다 번역이 조금씩 다릅니다. 개역개정판 성경이 비교적 이해하기 쉽도록 번역을 잘해 놓았는데, 5절 말씀의 핵심은 한 마디로 '하나님께서는 우리를 끔찍이 사랑하신다'는 것입니다.

하나님께서 우리를 그토록 사랑하신다면 우리는 어떻게 해야 할까요? 아래의 빈칸을 채워봅시다.

"네 ________ 을 다하고, ________ 을 다하고, ______ 을 다하고, ______ 을

다하여 주 너의 하나님을 ________ 하라"(막 12:30).

하나님을 사랑하는 사람을 하나님께서 어떻게 해주시는지 고린도전서 8장 3절을 써보세요.

2009년 1만여 명의 경쟁자를 물리치고 '빅토리아 시크릿'(Victoria's Secret)이라는 여성 속옷 회사의 모델이 된 카일리 비서티(Kylie Bisutti)는 최근에 모델 일을 그만 두면서 다음과 같이 말했습니다. "모델이라는 직업을 사랑하지만 속옷만 입고 사람들 앞에 서는 것과 나의 기독교 신앙 사이에서 갈등을 느꼈다." "내가 속옷을 입은 모습은 남편에게만 보여주고 싶다." "패션을 사랑하는 소녀들에게 패션모델을 넘어 롤모델(role model)이 되고 싶다."

빅토리아 시크릿의 속옷 모델을 그만둔 비서티는 성경구절을 옷이나 모자, 가방에 써넣는 GIF(God Inspired Fashion, 하나님이 영감을 주신 패션)라는 패션 브랜드를 만들었습니다. "크리스천들이 자신의 신앙과 하나님의 사랑을 쉽게 얘기할 수 있도록 패션을 이용하고 싶다"는 것이 그녀의 생각입니다. (국민일보, 2013년 8월 5일)

카일리 비서티가 이런 결정을 할 수 있었던 것은 그녀가 세상보다 하나님을 더 사랑했기 때문입니다. 세상의 벗이 되기보다는 하나님의 벗이 되기를 선택했기 때문입니다.

9. 7-10절은 하나님의 사람들이 어떻게 하면 세상을 사랑하지 않고 하나님만 사랑할 수 있는지 잘 가르쳐줍니다. 그 첫 번째가 무엇인지 7-8a절을 읽고 아래의 빈 칸을 채워 보세요.

"마귀를 ________하고, 하나님을 ________하고 하나님께 ________하라."

디모데후서 4장 10절은 데마가 세상을 사랑하여 바울을 버리고 데살로니가로 간 것을 기록하고 있습니다. 왜 그가 그렇게 되었을까요?

____

마귀는 지금 이 순간에도 우는 사자 같이 삼킬 자를 찾고 있습니다(벧전 5:8). 마귀가 그렇게 하는 목적은 사람들로 하여금 하나님께로부터 멀어지게 하고, 세상과 벗이 되게 하는 것입니다.

10. 8절 하반절은 세상과 벗된 사람들에게 하시는 말씀입니다. 그들을 어떻게 불렀으며, 어떤 말씀을 합니까?

____

____

'손을 깨끗이 하라'는 말은 '죄악된 행동을 하지 말라, 깨끗한 삶을 살라'는 뜻이고, '마음을 성결하게 하라'고 한 이유는 죄악된 행동은 마음에서부터 나오기 때문입니다.

11. 9절은 '진심으로 회개하라'는 말씀입니다. 사람은 누구나 다 죄를 지을 수 있고, 죄를 지었으면 회개할 줄 알아야 합니다. 그것을 잘했던 사람이 다윗입니다. 시편 6편 1절과 6절을 읽어봅시다.

밧세바를 범하고 그의 남편 우리아를 죽게 한 일로 인하여 나단 선지자의 책망을 받았을 때도 다윗은 회개했습니다. 참된 하나님의 사람이라면 지은 죄에 대하여 회개할 줄 알아야 합니다.

12. 주님 앞에서 낮추면 주님은 높여주십니다(10절). 진심으로 회개하면 용서해 주시는 분이 우리 하나님이십니다. 다윗의 삶이 그것을 잘 보여주고 있습니다. 다윗은 죄를 범했음에도 불구하고 하나님께서 쓰셨고, 사울은 그의 죄 때문에 하나님께로부터 버림을 받았습니다. 두 사람의 차이가 무엇인지 사무엘상 15장 30절과 사무엘하 12장 13a절을 읽고 말씀해 보세요.

하나님은 겸손한 자에게는 은혜를 베푸시지만 교만한 자는 물리치십니다(6절).

13. 본문을 통해 가장 크게 깨달은 점은 무엇입니까?

본문의 말씀 중에서 특별히 어떤 말씀을 생활 가운데 실천하기 원하십니까?

14. 특별히 마음에 와 닿은 말씀을 가지고 하나님께 기도하십시오.

당신의 기도를 세 문장 이내로 써보세요.

___

___

___

15. 4절 하반절("그런즉…")을 외우세요.

___

___

9. 바른 인생관, 바른 재물관 (약 4:13-5:6)

1. 인생을 살아감에 있어서 재물은 꼭 필요합니다. 재물 없이, 돈 없이 살 수 있는 사람은 한 사람도 없습니다. 그래서 우리는 열심히 일해야 하고, 열심히 벌어야 합니다.

재물은 모으는 것도 중요하지만 바르게 쓰는 것이 더 중요합니다. 그렇게 하려면 바른 인생관과 바른 재물관이 필요합니다. 본문은 어떻게 사는 것이 바른 인생관과 바른 재물관으로 사는 것인지에 대한 답을 주고 있습니다.

본문은 크게 두 부분으로 나누어져 있습니다. 4장 13-17절은 '재물을 많이 모으려는 사람들에게' 주시는 말씀이고, 5장 1-6절은 '재물을 많이 모은 사람들에게' 주시는 말씀입니다.

재물을 많이 모으려는 사람들에게 주시는 말씀이 무엇인지 4장 13-15절을 읽고 말씀해 보세요.

14-15절의 핵심은 "돈을 벌기 위해 계획을 세우는 것도 좋고, 돈을 버는 것도 좋지만 인생이 무엇인지, 인생의 주관자가 누구인지를 생각하며 살라"는 것입니다.

당신은 잠깐 보이다가 사라지는 안개와 같은 존재라는 것을 알고 있습니까?
당신의 인생 주관자는 하나님인 것을 알고 있습니까?
당신의 인생 주관자가 하나님인 것을 안다면 당신은 어떻게 살아야 하겠습니까?

15절과 잠언 19장 21절, 16장 9절을 읽고 말씀해 보세요.

잠언 19장 21절과 16장 9절을 써보세요.

잠 19:21

잠 16:9

2. 누가복음 12장에는 한 부자의 이야기가 기록되어 있습니다. 그는 성공한 사람이었으며, 많은 사람이 갖고 싶어 하는 부를 거머쥔 사람입니다. 그런데도 하나님은 그를 '어리석은 자'라고 하셨습니다. 그 이유가 무엇인지 누가복음 12장 18-20절을 읽고 말씀해 보세요.

열심히 사는 것도 좋고, 열심히 돈을 버는 것도 좋지만 하나님을 망각한 채로 살면 안 됩니다. 왜냐하면 하나님이 인생의 주관자이고, 하나님의 손에 모든 것이 달려 있기 때문입니다.

하나님은 '오늘 밤에' 내 생명을 거두어 가실 생각인데 나는 그것도 모르고 1년 뒤의 일을 말하고 10년 뒤의 일을 자랑한다면 얼마나 어리석은 일입니까! 그런 자랑에 대해서 야고보는 어떻게 말하는지 16절을 읽고 말씀해 보세요.

그렇다고 해서 앞날에 대해 아무런 계획 없이 살라는 말이 아닙니다. 계획을 세우되 누구를 염두에 두고 세우라는 것입니까?

사도 바울은 말을 할 때 "하나님의 뜻이면", "주께서 허락하시면"이라는 말을 자주 사용한 것을 볼 수 있습니다(행 18:21, 고전 4:19, 16:7). 그 이유는 하나님께서 허락하시지 않으면 아무 일도 안 된다는 것을 그가 알았기 때문입니다.

3. 인생은 짧습니다. 그러므로 우리는 인생을 보람 있게 살아야 합니다. 어떻게 사는 것이 인생을 보람 있게 사는 것일까요? 지금까지 살펴본 내용들을 근거로 말씀해 보세요.

돈을 벌면서 열심히 산다고 살았지만 정작 하나님의 뜻은 이루어드리지 못했다면 잘산 삶이라고 할 수 있겠습니까?

어린 시절, 학교에서 돌아와 친구들과 어울려 정신없이 놀다 보면 어느덧 저녁이 되고 밤이 되었던 기억들이 있을 것입니다. 재미있게 놀 때는 좋았는데 놀다 보니 무엇을 못했습니까? 숙제를 못했습니다. 그때 얼마나 당황스러웠습니까!
인생의 마지막도 그렇게 찾아올지 모릅니다. 돈을 벌면서 열심히 산다고 살았는데 정작 하나님의 뜻을 이루어드리지 못했다면 결코 인생을 잘산 것이 아닙니다.

4. 5장 1절을 읽고 재물을 많이 모은 사람들에게 하시는 말씀이 무엇인지 말씀해 보세요.

____

1절의 '고생'은 '고통', '비참한 일'을 뜻합니다. 왜 부자들에게 고통이 임하고 비참한 일이 임할까요? 2-6절을 읽고 말씀해 보세요.

____

____

부자이기 때문이 아니라, 잘못된 방법으로 __________ 을 모았고, 잘못된 __________ 으로 재물을 사용했기 때문입니다.

그들은 어떤 방법으로 재물을 모았습니까?(4, 6절)

____

____

'의인을 정죄하고 죽였다'(6절)는 것은 재물을 위하여 무고한 사람들을 희생시킨 것을 뜻합니다(미 7:2b-4a).

잘못된 방법으로 재물을 모은 그들은 재물을 어떻게 사용했습니까?(5절)

5절의 '방종'은 향락을 뜻합니다.

잘못된 방법으로 재물을 모았고, 잘못된 방법으로 재물을 사용했기 때문에 하나님께서 그들을 심판하지 않을 수 없고, 그들에게 임할 심판의 고통을 생각하면서 그들은 울고 통곡해야 하는 것입니다(1절).

5. 5장 2-6절이 재물과 관련하여 우리에게 주는 첫 번째 교훈은 '재물은 바르게 모아야 한다'는 것입니다. 재물은 많이 모으는 것보다 바르게 모으는 것이 중요합니다. 오늘날 사람들이 어떤 바르지 못한 방법으로 재물을 모으는지 말씀해 보세요.

잠언 16장 8절을 써봅시다.

---

6. 5장 2-6절이 재물과 관련하여 우리에게 주는 두 번째 교훈은 '재물은 바르게 사용해야 한다'는 것입니다. 사치하고 방탕하는 것은 절대로 재물을 바르게 사용하는 것이 아닙니다. 계속 모으기만 하는 것도 바르게 사용하는 것이 아닙니다. 재물은 어떻게 사용해야 하는 것일까요? 본문 4장 17절과 디모데전서 6장 17-19절을 읽고 말씀해 보세요.

"너희의 보물을 땅에 쌓아 두지 말고, 하늘에 쌓아두라"(마 6:19-20)고 예수님은 말씀하셨습니다. 어떻게 하는 것이 보물을 하늘에 쌓아두는 것일까요? 잠언 19장 17절과 마태복음 10장 42절을 읽고 말씀해 보세요.

잠언 19장 17절을 써보세요.

죽을 때 돈을 가지고 갈 수는 없습니다. 그러나 미리 천국에 갖다놓을 수는 있습니다. 어떻게 하는 것이 그렇게 하는 것입니까?

7. 누가복음 12장 21절을 읽고 부자의 또 다른 어리석음이 무엇인지 말씀해 보세요.

투자 중에서 가장 확실한 투자는 하나님께 하는 투자입니다.

마가복음 14장에는 한 여인이 예수님께 향유를 부어드리는 장면이 나옵니다. 사람들은 그녀가 값비싼 향유를 '허비'한다고 생각했지만 예수님은 그렇게 생각하지 않으셨습니다. 마가복음 14장 6-9절을 읽고 여자의 행동에 대한 당신의 생각을 말씀해 보세요.

8. 오늘 살펴본 말씀 중에서 가장 마음에 와 닿은 말씀을 붙들고 하나님께 기도하십시오.
당신의 기도를 세 문장 이내로 써보세요.

9. 4장 17절을 외우세요.

10. 고난 중에 계십니까? (약 5:7-20)

1. 야고보서에는 여러 주제에 대한 말씀이 있습니다. 야고보서 1장 2절과 본문 10절, 13a절을 읽고 야고보서의 처음과 마지막의 공통된 주제가 무엇인지 말씀해 보세요.

야고보서는 '고난'의 문제로부터 시작해서 '고난'의 문제로 끝나는 책이라 할 수 있습니다.

2. 본문은 고난이 올 때 하나님의 사람들이 어떻게 반응해야 할 것인가에 대한 말씀입니다. 7-8절을 읽고 고난이 올 때 하나님의 사람들은 어떻게 반응해야 하는지 말씀해 보세요.

언제까지 길이 참고, 마음을 굳건하게 해야 한다고 말씀합니까?(7절)

"주께서 강림하시기까지 참고 인내하라"는 말은 결국 "주께서 강림하시기까지 고난은 계속 된다"는 말과도 같습니다. 인생 자체가 사실은 고난의 연속입니다(욥 5:7).

농부가 참고 인내함으로 열매를 거두는 것처럼 우리도 참고 인내하면 열매를 거두게 됩니다. 어떤 열매를 거두게 되는지 야고보서 1장 2-4절, 12절을 읽고 말씀해 보세요.

3. 10-11절은 선지자들의 고난과 오래 참음 그리고 욥의 인내에 대한 말씀입니다. 그들의 고난과 인내를 보면서 어떻게 하라는 것입니까?

말할 수 없는 고난 중에서도 욥이 참고 인내했더니 하나님께서 큰 복으로 갚아 주셨습니다. 욥기 42장 12-17절을 읽어봅시다.

만일 욥이 고난을 이기지 못하고 자살이라도 했다면, 또는 하나님을 저주하고 떠났다면 어떻게 되었을까요?

당신이 고난당하는 순간에도 하나님은 살아계시고, 당신을 불쌍히 여기시고 계시다는 것을 잊지 마십시오.

11절 하반절("주는…")을 써보세요.

4. 9절 앞뒤의 말씀은 고난에 대한 말씀입니다. 그러므로 9절도 고난과 관련 있는 말씀이라 할 수 있습니다. 9절을 읽고 고난과 관련하여 두 번째로 주시는 교훈이 무엇인지 말씀해 보세요.

고난당할 때 사람들은 누군가를 쉽게 원망합니다. 당신은 최근에 고난(어려움) 때문에 누군가를 원망해 보신 적이 있습니까? 있다면 말씀해 보세요.

9절은 어떤 상황에서도 원망하지 말 것을 말씀합니다. 원망하지 말아야 하는 이유가 무엇인지 9절 상반절을 다시 읽고 말씀해 보세요.

누군가를 원망하는 것은 죄입니다. 그래서 하나님의 심판이 따르는 것입니다. 이스라엘 백성들은 광야에서 누구를 원망하다가 하나님의 심판을 받았는지 민수기 14장 2절을 읽고 말씀해 보세요.

이스라엘 백성들이 원망하다가 망한 것을 성경에 기록해 놓은 이유는 우리로 하여금 교훈을 얻도록 하기 위함입니다. 고린도전서 10장 10-11절을 읽어봅시다.

고난 중에 있을 때는 누구를 원망하기보다는 자신을 돌아보고, 하나님의 큰 뜻이 무엇인지 볼 줄 알아야 합니다. 요셉이 형들의 미움을 받아 애굽으로 팔려갔음에도 불구하고 형들을 원망하지 않았던 이유가 무엇인지 창세기 45장 5절을 읽고 말씀해 보세요.

5. 12절의 "맹세하지 말라"는 말씀은 '어떤 형태의 맹세도 해서는 안 된다'는 뜻이 아닙니다. 예수님도 맹세 아래에서 말씀하신 적이 있고(마 26:63-64), 사도 바울도 맹세 비슷한 말을 한 적이 있습니다(롬 1:9). 그렇다면 12절의 "맹세하지 말라"는 말씀은 어떤 뜻일까요? 레위기 19장 12절을 읽고 말씀해 보세요.

사람들은 언제 헛된 맹세, 거짓 맹세를 잘할까요? 마태복음 26장 72-74절을 읽고 말씀해 보세요.

사실이 아님에도 하는 맹세, 또는 지킬 의도가 없음에도 하는 맹세를 거짓 맹세, 헛된 맹세라 할 수 있습니다. 거짓 맹세하는 죄를 짓지 않기 위해서는 어떻게 해야 할까요? 12절 하반절을 읽고 말씀해 보세요.

6. 고난 중에 있을 때, 특별히 병중에 있을 때 가장 힘써야 할 것은 기도라고 13-14절은 말씀합니다. 병든 자는 누구를 청하여 기도를 받으라고 했습니까?(14절)

'교회의 장로들'은 '교회의 지도자들'을 의미합니다(행 20:17, 28). 그들은 교회를 대표하는 사람들이기 때문에 그들을 청하여 기도를 받는 것은 결국 온 교회가 그들을 위해 기도하는 것을 의미하기도 합니다. 기도는 혼자 하는 것보다 두 사람이 하는 것이 낫고, 두 사람이 하는 것보다 온 교회가 하는 것이 낫습니다. 그런 이유에서 교회의 '장로들' 즉 목회자들을 청하라고 한 것입니다.

"주의 이름으로 기름을 바르며 기도하라"고 했는데 이것은 무슨 뜻일까요? 누가복음 10장 34절과 마가복음 6장 13절을 읽고 말씀해보세요.

기도할 때는 약도 써가면서 기도해야 합니다. 하나님은 약을 통해서도 역사하는 분이기 때문입니다. 그러나 병을 고치시는 분은 결국 하나님인 것을 잊으면 안 됩니다. 15절을 읽어봅시다.

혼자 감당하기 어려운 문제라면 주위의 형제자매들에게 기도를 부탁할 수도 있습니다. 16절 상반절에서 어떤 단어가 그것을 말해줍니까?

---

7. 기도를 할 때는 몇 가지 기억해야 할 것이 있습니다. 아래의 빈 칸을 채워보세요.

1) ________ 을 가지고 기도해야 합니다(15a절).

마가복음 11장 23-24절을 읽어보세요.

2) __________ 기도해야 합니다(17-18절).

엘리야의 기도가 응답된 것은 그가 특별한 사람이어서가 아니라 그가 기도했기 때문입니다(왕상 18:42b-44).

3) __________ 삶을 살면서 기도해야 합니다(16b절).

'의인'(16b)은 구원받은 사람을 말하며, 구원받은 사람 중에서도 의롭게 살아가는 사람을 뜻합니다.

시편 66편 18절과 잠언 28장 9절을 써봅시다.

시 66:18 ______________________________

____

잠 28:9 ______________________________

____

이사야 59장 1-2절을 읽어봅시다.

의로운 삶을 살고 있고, 믿음을 가지고, 간절히 기도하는데도 안 들어 주실 때가 있습니다. 그 이유는 무엇일까요?

사도 바울은 육체의 가시를 제거해 달라도 세 번 간절히 기도했습니다. 그런데 하나님께서는 들어주시지 않으셨습니다. 그 이유는 그의 기도에 문제가 있어서가 아니라 그것이 하나님의 뜻이 아니었기 때문입니다.
기도를 해도 들어주시지 않는다면 하나님의 뜻이 아니기 때문입니다. 하나님의 뜻이 아니라면 받아들일 줄 알아야 합니다. 하나님은 나에게 무엇이 필요한지 나보다 더 잘 알고 계시며, 모든 것을 합력하여 선을 이루시는 분입니다(롬 8:28).

8. 고난 중에 있을 때라도 하나님의 관심사와 다른 사람들의 필요에 민감할 필요가 있습니다. 19-20절은 특별히 어떤 사람들에게 관심을 가지고, 어떤 일을 할 것을 말씀합니까?

고난 중에 있으면서 다른 사람들을 돕는다는 것은 결코 쉬운 일이 아닙니다. '나도 힘들어 죽겠는데 다른 사람까지 신경 쓸 겨를'이 솔직히 없을 수도 있습니다. 그런데 그렇게 하는 것이 사실은 남을 살리고, 나를 살리는 길입니다.

내가 가지고 있는 문제만 계속 바라보다 보면 문제는 점점 더 크게 보이고, 문제로부터 점점 더 벗어나기 어려워집니다. 그러나 하나님의 일과 다른 사람들의 필요에 관심을 두다 보면 내 문제는 작게 보이기 시작하면서 기쁨과 감사가 내 마음속에 생기기 시작합니다.

사도 바울도 한 인간으로서 왜 문제와 고민이 없었겠습니까! 그럼에도 불구하고 그가 사역을 잘 감당할 수 있었던 것은 자신의 문제가 아니라 하나님의 사역과 다른 사람들의 필요에 늘 민감했기 때문입니다. 그것이 그가 어떤 상황에서도 감사하고 기뻐할 수 있었던 이유입니다.

하나님의 일을 함으로 또는 다른 사람을 도와줌으로 기쁨과 보람을 느꼈던 경험이 있으면 말씀해 보세요.

당신은 어떤 일이 가장 보람 있고 가치 있는 일이라고 생각합니까? 하나님은 당신이 어떤 일을 할 때 가장 기뻐하실까요?

고난 중에서 하나님의 도움을 받는 사람이 되려면 어떤 사람이 되어야 할까요?

마태복음 6장 31-34절을 읽고, 33절을 써보세요.

9. 오늘 살펴본 말씀 중에서 가장 마음에 와 닿은 말씀을 붙들고 하나님께 기도하십시오.

당신의 기도를 세 문장 이내로 써보세요.

10. 13절을 외우세요.